Peter Reichard

Werbers Deutsch

Marketing-Slang von A bis Z

Illustrationen
von
Bengt Fosshag

Eichborn.

Die Deutsche Bibliothek – CIP-Einheitsaufnahme

Reichard, Peter:
Werbers Deutsch : Marketing-Slang von A–Z / Peter Reichard. Ill. von Bengt Fosshag. – Frankfurt am Main : Eichborn, 1996
ISBN 3-8218-3427-7

Umschlaggestaltung: Rüdiger Morgenweck
unter Verwendung einer Zeichnung von Bengt Fosshag.
Gesamtherstellung: Fuldaer Verlagsanstalt GmbH, 36003 Fulda.
ISBN 3-8218-3427-7

Verlagsverzeichnis schickt gern:
Eichborn Verlag, Kaiserstraße 66, 60329 Frankfurt.

Kleine Gebrauchsanweisung für dieses Lexikon

Die Werbung ist allgegenwärtig – ohne sie geht gar nichts mehr. Kein Tennisturnier und kein Open Air-Konzert. Ohne sie müßten sich Fußballspieler, wenn das Greisenalter anpocht und sie nicht mehr den Ball oder die Knochen des Gegners treten können, wieder mit einer Toto- und Lottoannahmestelle zufrieden geben, statt in Villen das bescheidene Leben eines Millionärs zu führen. Selbst Blondschopf Jürgen Klinsmann würde dann kleine Brötchen backen. Erst die Werbeleute mit ihren Werbe- und Sponsoren-Milliarden machen es möglich; an den üppigen Brüsten der Mutter Werbung werden eben viele satt und suchen für ihr befreiendes Bäuerchen Steueroasen oder gewitzte Steueranwälte.

Ausgenommen sind die Werbeleute selbst, deren Einkommen, verglichen zu denen, die sie finanzieren, kaum der Rede wert ist. Da langt es meist nur zu einer Doppelhaushälfte und gelegentlich zu einem kleinem Häuschen in der Toscana.

Dafür leben und weben sie in ihrer (Fach-)Welt eher im Verborgenen und sind mit sich selbst beschäftigt, obwohl doch selbst die höchsten deutschen Gerichte mit Spaß an die (Werbe-)Sache gehen. (vgl. das Stichwort *Schocker-Werbung* in diesem Lexikon).

Deshalb wurde es Zeit, die berufliche Lebens- und Geisteswelt der Werbeleute einer breiten Leserschaft vertraut zu machen: wie denken die WerberInnen, wie reden sie miteinander? Und wie könnte das einleuchtender geschehen als am Beispiel der Sprache, mit der sie sich verständigen? Und wie könnte das übersichtlicher geschehen als in einem Lexikon? So entstand auf Anregung von Harald Dzubilla, Werbeleiter des Heinrich Bauer Verlags, Hamburg, *dieses Werbelexikon*: satirisch, aber voller Sympathie für die Werbeleute und ihr Metier, das sich vielen von ihnen selbst auch erst durch ein solches Lexikons voll erschließt.

Dennoch ist das Büchlein auch für jederfrau und jedermann verständlich, auch wenn sie/er die Werbung vor allem aus Anzeigen in Zeitschriften oder Spots im Fernsehen kennt. Und die Werbeleute nur von einem neugierigen Blick in die VIP-Lounges der Fußballstadien und Tenniscourts, wo sich die Werber aufhalten dürfen als aufregende Gegenleistung der Sponsoren für die Gelder aus den Werbe-Etats.

Selbstverständlich erhebt das Lexikon keinerlei Anspruch auf Vollständigkeit – schon deshalb nicht, weil Fortsetzungen in einem Umfang geplant sind, wie sie seit der *Lindenstraße* einfach zum Kalkül jedes Autors gehören. Tennisschläger oder Beine zu schwingen bringt mehr Geld als die Regungen der kleinen grauen Zellen. Da braucht es schon einen Serienerfolg, um auf steuerlich relevante Tantiemen zu kommen.

In diesem Sinne: Lesen Sie dieses Lexikon zusammenhängend, in Häppchen oder auch nur dann, wenn Sie gelegentlich nur ein Stichwort suchen müssen, weil selbst die feinen Redakteure der Zeitungsfeuilletons inzwischen höchst sachgemäß und terminologisch korrekt mit dem Thema Werbung umgehen müssen.

Kritik der Leser ist natürlich herzlich willkommen. Und Anregungen für weitere Stichworte sind das auch – der Fortsetzungen wegen. Wir Werbeleute danken für das Interesse, und wenn sich schon jemand über uns lustig macht – dann wir selber. Humor ist selten im Werbegeschäft. Dieses Stichwort wird man dann auch vergeblich in diesem Lexikon suchen.

Peter Reichard, im Dezember 1995

wie Award

a. a. – Author's Alterations – Textkorrekturen des Autors; in einem Buch wie diesem außerhalb jeglicher Notwendigkeit.

ADC – Art Directors Club für Deutschland – Der Zusammenschluß gestaltender, textender, fotografierender oder auch nur mitredender Werbeleute – die sogenannten Kreativen – zum Zwecke der gegenseitigen Vergabe von Auszeichnungen.

Ag. MA – Kürzel für *Arbeitsgemeinschaft Mediaanalyse*. Das Geheimnis dieser sagenumsponnenen Organisation zur Feststellung der Leistungen von Medien als Werbeträger haben deren Gründerväter mit ins Grab genommen: Was ist an dieser ständig verstrittenen Organisation schon gemeinschaftlich?

Agenturwechsel – Aus der Sicht der etatverlierenden Werbeagentur eine Fehlentscheidung des Kunden, aus der Sicht der etatgewinnenden eine optimale Maßnahme. In der Realität: Unterstellung des Marketingmanagements, daß allein die Agentur Schuld hat, wenn eine > **Werbekampagne** ein > **Flop** ist. > **Briefing**.

Analyse – Bei Aristoteles Schluß- und Beweislehre, bei Kant zergliedernde Denktechnik, bei > **Marktforschern** Bestätigung der Wunschvorstellungen ihrer Auftraggeber.

Artbuying – Einkauf von kreativen Dienstleistungen, bei dem früher die Preisverhandlungen in der Nachfolge liebenswerter altorientalischer Basar-Mentalität (*Leben und leben lassen*) standen, heute aber eher dem stählernen Charme des VW-Chefeinkäufers Lopèz entsprechen (*Friß Vogel oder stirb*).

Art Director – Einer der vielen Titel in einer Werbeagentur, in diesem Fall für eine(n) Graphikdesigner(in), die statt einer Gehaltserhöhung verliehen werden und zur Entgegennahme einer Auszeichnung des > **ADC** berechtigen.

Automobil-Werbung – Religiöse Werbung, da das Automobil in Deutschland Kultstatus innehat.

Award – Auszeichnung für eine Werbekampagne und deren kreative Urheber in einem der unzähligen Wettbewerbe der Werbebranche. Dabei ist es völlig unerheblich, ob die Kampagne auch erfolgreich ist. > **Flop**

wie Billings

Ballyhoo – Marktschreierische Werbung. Galt jahrelang als veraltet und unwirksam, ist jedoch durch das Privatfernsehen als > **Gameshow** wieder voll im Trend. > **IQ**

Bandenwerbung – Von Laien irrtümlich als Bezeichnung für die Werbeaktivitäten krimineller Vereinigungen verwendet. Böszungige Fachleute bezeichnen B. als Möglichkeit für Bildregisseure und Kameraleute beim Fernsehen, das Einkommen nebenbei kräftig aufzubessern.

Bedenkenträger – Meist in den Top-Etagen von Unternehmen angesiedelte Manager, die statt Innovationen und Visionen zuzulassen, solche durch ständige Bedenken verhindern. Bedenkenlos sind sie nur beim Abbau von Mitarbeitern.

Beförderung – Managementbegriff; Einstieg in die Siebzig-Stunden-Woche.

Benefit – Fachausdruck für den Vorteil, den die Werbung einem Produkt oder einer Dienstleistung zuordnet (Glück beim anderen Geschlecht, Hausputz ohne Anstrengung). Für den > **Konsumenten** nur mit viel Phantasie und ausschließlich dann nachvollziehbar, wenn er gerade Werbefernsehen sieht.

Bildbeschreibung – Die moderne Form des Werbetextens. Wird für jene unverbesserlichen Verbraucher benötigt, die immer noch lesen wollen, statt sich mit Bildern und Piktogrammen zu bescheiden.

Bildsprache – In der Werbung häufig verwendeter Begriff, der aussagt, daß im Zeitalter der elektronischen Bildbearbeitung mit Fotos genauso gelogen werden kann wie mit den Buchstaben des Alphabets.

Billing – Offiziell der Umsatz einer Werbeagentur, ist in Wahrheit aber der jährliche Versuch, sich aus Profilierungsgründen durch abenteuerliches Addieren von meist fiktiven Etat-Summen unter die fünfzig größten Werbeagenturen zu schmuggeln. Und zwar immer ein paar Plätze höher als im Jahr zuvor.

Boom – Nach Meinung der Unternehmen ein wirtschaftlicher Normalzustand und ausschließlich Folge hervorragenden Marketings. Am Nicht-Boom ist Schuld:....... (Unzutreffendes selbst einsetzen.)

Briefing – Angeblich eine Zusammenfassung aller Unterlagen und Vorstellungen eines Unternehmens als Arbeitsgrundlage für die Werbeagentur zur Entwicklung einer Werbekampagne. Gleicht in der Realität eher den Sprüchen des Orakels von Delphi: Alles könnte auch ganz anders gedeutet werden.

Bruttolaufzeit – Die Kunst der privaten Fernsehsender, die Zuschauer eines 113 Minuten langen Spielfilm 135 Minuten auf das Happyend warten zu lassen. Siehe auch > **Werbeinsel** und > **Unterbrecherwerbung**

Briefing

C wie Cannes-Rolle

Cannes – Bei deutschen Kreativen Depressionen auslösende französische Stadt am Mittelmeer. Deutsche Spots gewinnen auf dem dortigen Werbefilm-Festival nur in Ausnahmefällen eine Auszeichnung, etwa in Schaltjahren.

Cannes-Rolle – Für Kreative die Gelegenheit, wenigstens später die wichtigsten TV-Spots vom Werbefilm-Festival zu sehen. In C. selbst war wegen der Sonne und der Partys keine Zeit dazu.

Challenge – Was in anderen Berufen als schwierige Aufgabe bezeichnet wird, heißt bei Marketing- und Werbeleuten prinzipiell *Challenge*. Noch nie hat einer aus dieser Branche wegen eines höheren Gehalts das Unternehmen gewechselt, sondern nur der Challenge wegen.

Chaosforschung – Hat Werbeleuten die neidvolle Erkenntnis gebracht, daß ein fliegender Schmetterling einen Sturm auszulösen vermag, eine Werbekampagne aber häufig noch nicht einmal ein Gähnen.

Claim – Charakterisierende werbliche Behauptung über ein Produkt mit Anspruch auf Eigentumsrecht. Vergleichbar den Claims aus US-amerikanischen Goldgräber-Zeiten und meist ebenso unergiebig.

Communication Highway – > Information Highway

Common Sense – Gesunder Menschenverstand. Wird in der Werbung meist durch > **Pre-Tests** ersetzt.

Copy – Nahezu ausschließlich in der Werbesprache verwendeter anglo-amerikanischer Begriff, der am besten mit *Text* zu übersetzen ist. Ein Eindeutschen in *Kopie* ist trotz häufigen Zutreffens nicht vorgesehen.

Copyright – In der Werbebranche umstritten, ob das Recht an einer kreativen Idee (> **Recycling**) bei der liefernden Agentur oder dem bezahlenden Auftraggeber liegt – besonders im Falle eines Flops.

Corporate Identity – Unternehmensberater-Version des Bibelwortes: An ihren Früchten sollt ihr sie erkennen.

Creative Director – Vorgesetzter der Kreativen in einer Werbeagentur. Was man sein kann, ohne selbst kreativ zu sein. Trotzdem empfangsberechtigt für Auszeichnungen des > **ADC.**

Cross Marketing – Behauptung von Marketing- und Werbeleuten, derzufolge es in Deutschland Menschen gibt, deren Kultur- und Konsumverhalten dem von Bewohnern fremder Länder weitaus ähnlicher ist als dem der eigenen Landsleute (*Cross Cultural Groups*). Soll im Freistaat Bayern als Affront gegen das Kreuz verstanden worden sein und zur Forderung nach einer kultursichernden gesetzlichen Regelung geführt haben.

Cyber-Advertising – Das durchfallartige Bedürfnis der Werbewirtschaft, auch den Cyberraum (> **Internet**) und die virtuellen Welten (> **Virtual Reality**) mit einem unausweichlichen Netz von Werbeappellen zu durchziehen.

wie Direct Marketing

Dachmarken-Strategie – Der Versuch, den Verbrauchern klar zu machen, daß ein Anti-Schuppenmittel und eine Damenbinde gleichermaßen Vertrauen und Zuwendung verdienen, sofern sie nur unter dem selben Markennamen verkauft werden.

DDR – Bis zum 3. Oktober 1990 Kurzformel für das *andere Deutschland, jetzt:* > **Nielsengebiete** mit relativ geringer Kaufkraft.

Design – Ursprünglich eine *Entwurfskizze für ein zweckmäßiges, formgerechtes und ästhetisches Industrieprodukt*, heute Basisbegriff moderner Existentialphilosophie der Unternehmen: Design ist alles, alles ist Design. Selbst Verbraucherbefragungen haben keinen *Fragebogen* mehr, sondern ein *Untersuchungsdesign*.

Dialog – Werbetechnisch ein Zwiegespräch nach dem Muster: Ich rede, du kaufst

Direct Marketing – (von unverbesserlichen Deutschtümlern auch Direktmarketing genannt) hieß früher Direktwerbung, was nicht mehr fein genug ist. Setzt beim Umworbenen die Fähigkeit zum Lesen und Schreiben voraus. Mit der Entwicklung des Fernsehens als Hauptbeschäftigung und der damit verbundenen Befreiung vom Diktat, lesen können zu müssen, entfallen jedoch diese beiden für die Werbung erschwerenden Hindernisse.

Doby – Daddy old Baby young. Trend in der westlichen Welt, daß ältere Männer mit ihren zweiten (jungen) Ehefrauen Kinder zeugen; wird von privaten Fernsehsendern mit Sorge beobachtet, da sie ausschließlich auf Dybos fixiert sind: *Daddy young Baby old (unter 49 und über sechs).* > **Privatfernsehen**

Doping – Dient nur vordergründig dem Zweck, beim Sport möglichst siegreich zu sein und Medaillen zu ernten. Tatsächlich geht es um lukrative Werbeverträge und Sponsor-Gelder. Die sogenannte Political Correctness versucht, den Begriff D. durch *Einnahme von Sponsor-Chemie* vom Negativ-Image zu befreien.
> **Image.**

Dialog

wie Einschalt-Quote

Editorial Ad – Redaktionell gestaltete Anzeige; gelegentlicher Versuch der Werbeleute, ihre Werbeargumente als Ansichten der Redaktionen zu tarnen. Bei den elektronischen Medien läuft das als Geheimaktion > **Product Placement.**

Einschaltquote – Im deutschsprachigen Raum überwiegend *Rating* genannt. Moderner Götzendienst der Werbeleute, vor allem der > **Mediaplaner** (*Ich bete an die Macht der Quote*), denn je höher die Einschaltquote einer Fernsehsendung, desto erfolgversprechender und preiswerter ist angeblich der ausgestrahlte Werbespot. Kritiker sehen dagegen einen engen Zusammenhang zwischen der Höhe der Einschaltquote und der Tiefe des > **Intelligenzquotienten** (IQ) der Zuschauer. Auch > **Informationsgesellschaft,** > **Gameshow**.

Euromarketing – Europäische Variante des US-amerikanischen > **Global** Marketing: Werblich gesehen sind alle gleich – auf ECU-Basis.

Event-Marketing – (Groß-)Veranstaltungen meist mit Künstlern und solchen, die dafür gehalten werden, um den Umsatz eines Produktes zu fördern. Trotzdem zahlen die Besucher auch noch Eintritt.

Einschaltquote

F wie Full-Service

Facts – Im Journalismus: Tatsachen, die möglichst vollständig veröffentlicht werden. In der Werbung: Tatsachen, die möglichst vollständig weggelassen werden. Bei beiden: Höchstes Mißtrauen ist geboten, wenn ein Satz mit *Fakt ist...* beginnt.

Fee – In der Werbesprache ist damit nicht die märchenhaft schöne weibliche Sagengestalt gemeint, sondern (Aussprache: fi:), die Vergütung für die Arbeit einer > **Werbeagentur**. Soll früher – vor Erfindung der > **Lean Communication** – auch märchenhaft schön gewesen sein.

Flop – Der Mißerfolg einer Produkt-Neueinführung, dessen Ursache sich wie folgt begründet: Das Produkt war in Ordnung, das > **Briefing** war in Ordnung, die Arbeit der > **Werbeagentur** war in Ordnung, die ausgewählten > **Medien** waren in Ordnung – an der Leitung konnte es nicht liegen, also mußte wohl das Verbraucher-Volk Schuld sein.

Fraktal – Modebegriff, der, wie so oft in der Werbung, aus anderen Disziplinen übernommen wurde, ohne richtig verstanden worden zu sein – in diesem Fall aus der nicht-euklidischen Geometrie. Marken sind der fraktalen Geometrie zufolge in jeder Vergrößerungsstufe (= Verbrauchermentalität) selbstähnliche Elemente und insofern (mathematisch) beschreibbar. Weil der Konsument aber nicht weiß, daß er eigentlich fraktal und nur eine Vergrößerungsstufe ist, funktioniert das nicht so recht mit den fraktalen Marken.

Full Service – Behauptung jeder Werbeagentur, die mehr als einen (freien) Mitarbeiter beschäftigt, der Auftraggeber bekomme auf allen Gebieten volle Bedienung. Dabei will der nur gute Arbeit.

Funkwerbung – F. ist entweder der Soundtrack eines TV-Werbespots oder die Schreibübung von Nachwuchstextern.

Flopp

wie Give Away

Gag – Besonderer, unter Umständen witziger Einfall. In der Werbung ebenso seltene Erscheinung wie ein Kugelblitz in der Natur oder Intelligenz in der deutschen Fernsehunterhaltung. Werber, denen einmal ein G. gelungen ist, können dafür solange mit > **Awards** rechnen, bis einem anderen ein neuer G. eingefallen ist. Dazwischen liegen allerdings meist Jahre.

Gameshow – Produkt-Werbesendungen im Privatfernsehen für ein Publikum, das die *Linda de Mol-Show* oder *Schreinemakers live* als Programm für intellektuelle Minderheiten ablehnt.

Gemeinschaftswerbung – Der Geniestreich einer Werbeagentur, ein Gremium von Leuten, die viel von sich selbst, wenig von Gemeinsamkeit und nichts von Werbung halten, auf einheitliche Werbelinie zu bringen. Allerdings: Die Kampagne ist auch meist danach.

Get-together-Party – Der eigentliche Zweck, zu Tagungen und Kongressen zu fahren: All die Leute zu treffen, die ebenfalls zu den Werber-Treffen fahren, um mit den selben Leuten immer wieder die selben Themen zu erörtern: wie schlecht die Zeiten sind, wie gut man selber ist und welche Kollegen gerade gefeuert wurden. > **Tagungsprogramm.**

Gag

Give-away – Kleine Werbegeschenke, die die Freundschaft erhalten sollen. Wo das *klein* endet und die Bestechung anfängt, wird erst zum Problem, wenn man erwischt worden ist. Die aktuelle Entwicklung verbietet es, Beispiele zu nennen; sie veralten bereits vor Erscheinen dieses Lexikons.

Globalmarketing – Ansicht zahlreicher US-amerikanischer Unternehmer, daß alles, was für die USA gut ist, auch für den Rest der Welt gut ist. > **Euromarketing**

Graphikdesign(er/in) – Hieß früher Gebrauchsgraphiker(er/in). Daß mit der anglo-amerikanischen Umbenennung höhere Bezahlung verbunden ist, gehört ins Reich der Werbefabeln, zumal Computerprogramme das (den / die) G. zunehmend außer Gebrauch stellen.

Good Will – Der gute Ruf, das ein Unternehmen in der Öffentlichkeit genießt. Oft aber auch nur der gute Wille der Werber, diesen durch ihre Kampagnen zu erzeugen.

GWA – Einziges aus der Werbebranche bekannt gewordenes Beispiel für eine gelungene Geschlechtsumwandlung von weiblich in männlich: Als **die** *GWA-Gesellschaft Werbeagenturen* eine Connection überwiegend auch in Deutschland tätiger US-amerikanischer Großagenturen, als **der** *GWA-Gesamtverband Werbeagenturen* eine zahlenmäßig größere Connection von US-amerikanischen Großagenturen und von ihnen entweder bereits oder demnächst aufgekauften deutschen Werbeagenturen.

wie Head Hunter

Halo-Effekt – Ein Begriff aus der > **Marktforschung,** demzufolge bei Befragungen eine dominierend positive oder negative Einstellung sämtliche Antworten auf die Fragen in dem einen oder anderen Sinne beeinflußt. Erfolgreiche Marktforschungsunternehmen berücksichtigen diesen Effekt, indem sie vorher herausfinden, welche Ergebnisse der Auftraggeber am liebsten haben möchte. Halo ist der anglo-amerikanische Begriff für Heiligenschein.

Handy – Unentbehrliches Telefongerät für Manager und Werber um 1. > **Meetings** stören lassen zu können, und 2. z. B. auf Flughäfen zu demonstrieren, daß Geld eine kleine Rolle, man selbst aber eine große spielt. In den Telefonzellen sind die Gesprächsgebühren weit billiger, doch kann niemand zuhören, welch wichtige Gespräche man zu führen hat. (Etwa: *Ich bin hier am Airport Hannover, das Flugzeug wird in Time sein . . .*).

Headhunting – Mehrverfachverwertung ein und derselben Person in jeweils anderen Unternehmen zu immer höheren Gehältern durch ein und denselben Personalberater.

Heftbezogene Auflage – Übertragung des TV-Quoten-Fetischismus auf Zeitschriften, denen die Anzeigen nur noch nach der Zahl der verkauften Exemplare pro Ausgabe bezahlt werden. Angeblich müssen Rundfunkanstalten demnächst die jingle-bezogene Hörerschaft nachweisen, den Hörer pro Musiktitel. (> **Jingle**)

High-Spots – Von Kreativen fälschlich für eine lobende Bezeichnung der von ihnen geschaffenen TV-Werbespots gehalten. Tatsächlich handelt es sich um einen Begriff aus der Trend-Sprache und meint *urbane Ballungszentren*, wobei – wie übrigens meistens bei der sog. Trendforschung – unerfindlich bleibt, was *ländliche Ballungszentren* sein sollen.

Hochkonjunktur – Die für Werbeleute optimale Wirtschaftslage, bei der Konsumenten auch das Geld ausgeben, das sie nicht haben.

Honorar – Finanzielle Vergütung der Tätigkeit von Beratern, der die Einsteinsche Relativitätstheorie zugrunde liegt. Je nach Sicht des Auftraggebers oder des Beraters ist das Honorar relativ zu hoch oder relativ zu niedrig. > **Fee.**

Human Relations – Einseitige Pflege der zwischenmenschlichen Beziehungen in einem Betrieb von oben nach unten. Bedeutet, daß – laut Gerichtsentscheidung – ein Vorgesetzter mit der Frau eines Untergebenen ungestraft schlafen darf, während ein Untergebener sofort gefeuert werden kann, wenn er mit der Frau seines Vorgesetzten gleiches tut.

Hyper-Designer – Laut dem sogenannten Trendexperten Matthias Horx einer der über dem Corporate Designer steht (> **Corporate Identity**), komplette *Sets* und *Botschaften* entwirft und Designer, Ethiker, Philosoph und Werbespezialist in einem ist. Wurde bisher allerdings nur in Science-Fiction-Film gesichtet – wie fast alles, was von Matthias Horx kommt. (> **Design**)

Halo-Effekt

wie Idee

Idee – Ergebnis des eigenen kreativen Denkens, wobei es vorkommen soll, das bösartige Neider diese Idee bereits früher hatten. > Timing.

Image – Die Summe aller Vorurteile über einen Menschen oder eine Sache. Aus noch ungeklärten Ursachen ist das Image, das man von sich selbst und seinen Leistungen hat, um 100 Prozent besser als jenes, das die Mitmenschen davon haben.

Impact – Stärke des Eindrucks, den ein Werbemittel – Anzeige, Plakat, TV-Spot u.a. – hinterläßt. Ist eine rein hypothetische Größe, die ausschließlich dadurch zustande kommt, daß Fachleute etwas tun, was kein Konsument dieser Welt jemals täte: Die Werbemittel so lange und so oft anzusehen, bis sie ihnen gefallen.

Info-Elite – Neu entdeckte Zeitschriften-Käufer, deren Informationsbedarf exakt zwischen nichts und alles wissen wollen liegt. Andere Ausdrücke für den dadurch entstehenden Wissensstand sind seitdem veraltet und werden nicht mehr verwendet.

Image

Informationsgesellschaft – Bezeichnung für die Menschen in Industrienationen, an denen die Informationen (aus Medien, persönlichen Kontakten etc.) zu 90 Prozent ungesehen, ungehört oder unverstanden vorbeigehen. > **Pay-per-view**

Information Highway – Informations-Autobahn. Eine Theorie, die davon ausgeht, der Mensch wolle unentwegt alles wissen, was in Wanne-Eickel und in Cincinatti/Ohio vorgeht, weshalb er von früh bis spät im > **Internet** surft und dankbar ist, wenigstens Werbung zu finden. > **Cyber-Advertising**

Innovation – Die Wunschvorstellung, neue Produkte und Dienstleistungen erfolgreich auf den Markt zu bringen, bevor die Konsumenten Zeit gehabt haben, sich an die alten zu sehr zu gewöhnen. > **New Values**

Internet – Bisher überwiegend unkommerzielle weltweite Vernetzung von Personal Computern zum Zwecke des Informationsaustauschs. Soll jetzt ein gigantischer Werbeträger und Geschäftsanbahnungs-Instrument werden. In den Schlagzeilen der Medien aber ist es vor allem ein Mekka für Porno- und Sektenfans. > **Surfen**

IQ – Intelligenzquotient. Wird durch die Dauer des täglichen Fernsehkonsums gemessen. Je niedriger der IQ, desto länger die Fernsehnutzung. > **Einschaltquote,** > **Gameshow**

ISO 9001 – Neu geschaffene Qualitätsnorm für Dienstleistungsunternehmen, zu denen auch Werbeagenturen gehören. Beurteilt selbst die Arbeit der > **Kreativen** nach der Art von DIN-Maßstäben. In Kreisen des Art Directors Clubs (> **ADC**) wird darüber nachgedacht, ob es sich hier um eine Diskriminierung von Minderheiten handelt.

J wie Jingle

Japan – Wirtschaftsmacht, die in allen Wirtschaftszweigen Weltgeltung hat mit Ausnahme des Werbebusiness, das eine Domäne der Amerikaner und Europäer geblieben ist. Kenner führen das auf die Tatsache zurück, das in diesem Geschäft keine Patente entfremdet werden konnten – mangels patentierbarer Ideen.

Jingle – Ein von dem Opernkomponisten Richard Wagner (1813 – 1883) abgekupferter Trick, schlechte Texte in Noten zu setzen und durch lautstarkes Singen und massigen Orchesterklang für den Zuhörer unverständlich zu machen. Das ist auch der Grund, weshalb sich Werbe-Jingles wachsender Beliebtheit sogar auf dem freien Markt der CDs erfreuen.

wie Kaufkraft

Kaufkraft – Fachausdruck für die Hoffnung, der deutsche Konsument sei in der Lage, uneingeschränkt immer mehr Produkte und Dienstleistungen einzukaufen, obwohl man ihm gerade den Arbeitsplatz wegrationalisiert hat oder dies bald tun wird. Arbeitslose und durch Steuern, ständig neue Abgaben und Gehaltseinbußen verarmte Konsumenten sollen trotzdem am Standort Deutschland kaufen, was in Billiglohn-Ländern produziert wurde. Wie das auf die Dauer funktionieren soll, ist Geheimwissen von Unternehmern und ihren Politikern.

Kongresse – Überwiegend im Mai stattfindende Branchen-Veranstaltungen, bei denen Lieferanten aller Art hoffen, Auftraggeber aller Art zu treffen. Die Kostenstelle für solcher Art Reisen heißt *Weiterbildung*. > **Tagungsprogramm**

Konjunktur – Jeweils aktuelle Wirtschaftslage, die, egal ob sie gut oder schlecht ist, aus der Sicht der Werbeleute eine Erhöhung der Werbe-Etats zwingend erforderlich macht.

Konsument – auch Verbraucher genannt: Das Wesen, das rund 25.000 verschiedene Marken kennen und auch kaufen soll.
> **Kaufkraft**

Konzept – Der von Werbeagenturen für einen Auftraggeber entwickelte Entwurf für eine Werbekampagne. Dieser Entwurf wird solange variiert, bis sich beim besten Willen keine Branche mehr finden läßt, für die das K. oder dessen Metamorphose noch nicht verwendet wurde.

Konzeption – Geistiger, künstlerischer Einfall (*Empfängnis*). Wird im werblichen Sprachgebrauch meist mit dem Begriff > **Konzept** verwechselt. In praxi ist dies jedoch ohne Belang, da hinter den meisten Konzepten ohnehin keinerlei Konzeptionen stecken.

Koordination – Der Versuch, innerhalb der Werbeagentur fünf verschiedene Meinungen von einer guten Werbekampagne mit den sieben differierenden Auffassungen von wirksamer Verkaufsförderung beim Auftraggeber unter einen Hut zu bringen. Als Koordinationserfolg gelten steigende Marktanteile oder hilfsweise Auszeichnungen bei einer der zahllosen Kreativ-Wettbewerbe. > **Award.**

Kreative – Überirdische Musentöchter- und söhne mit irdischen Funktionen: Ihre Arbeit soll helfen, Produkte zu verkaufen.

Kreativität – Das Talent, trotz Markt- und Meinungsforschung eine originelle Werbekampagne zu machen.

Kreativitätstechniken – Wissenschaftlich fundierte Methoden (Brainstorming, Synectics, morphologischer Kasten), um festzustellen, daß jemand tatsächlich keine eigenen Einfälle hat.

Kriterium (Plural: Kriterien) – Nicht beweisbare Beurteilungspunkte für Werbekampagnen. Beispiele: *Das habe ich alles schon viel besser gesehen* oder *Das sieht der Verbraucher ganz anders.*

Konsument

Kultkampagnen – Legendenumwobene Erfolgskampagnen mit erstaunlich vielen Machern, die alle daran beteiligt gewesen sein wollen. Die wirklichen Urheber/innen indessen sind meist unbekannt.

Kultmarken – Das sind Haarwaschmittel- oder auch Damenbinden- und Dosensuppenmarken, von sogenannten Trendforschern (> **Trend**) zu den anbetungswürdigen Ikonen der abendländischen > **Kultur** umgeheiligt.

Kultur – Früher im wesentlichen die Summe der Aktivitäten von Dichtern, Malern, Musikern, Architekten, Handwerkern. Seit der Erfindung des > **Sponsoring** eine Unteraktivität des Marketing. > **Kulturschaffende**

Kulturschaffende – Linda del Mol, Helmut Thoma, Mike Krüger, Ilona Christen, Hans Meiser, Fredy Kogel, Thomas Gottschalk, Dieter Thomas Heck, Franz Beckenbauer, Margarete Schreinemakers, Werbeleute, Sponsoren; die Liste ist nicht vollständig, die Namen in relativ kurzer Zeit jeweils auszutauschen.

wie Location

Lean Communication – Unterbereich des Lean Marketing, das wiederum ein Unterbereich des Lean Managements ist. Alle Bezeichnungen sagen mehr oder weniger das Gleiche: Leute rausschmeißen, der Rest arbeitet mehr, länger und für weniger Geld. > **Kaufkraft**

Lebensstandard – Bisher ein Synonym für solide > **Kaufkraft** bei > **Konsumenten,** die für das Wohlergehen vieler Unternehmen in vielen Branchen sorgten und damit für Arbeitsplätze sorgten. Angesichts der derzeitigen wirtschaftlichen Entwicklungen und der Verlagerung von Arbeitsplätzen ins Ausland, ist neue Neudefinition von L. noch nicht möglich.

Limer – Begriff von der Zielgruppenfront: *Less Income More Experience*. Leute, die weder reich sein wollen, noch den ätzend langweiligen Lifestyle von Yuppies und anderen Spießbürgern praktizieren möchten. Die Werbeleute sind ratlos . . .

Location – Der (Schau-)Platz, auf dem ein > **TV-Spot** (oder Teile davon) gedreht oder eine Werbephotographie aufgenommen werden sollen. Zum *Location machen* muß überwiegend ins sonnige Ausland geflogen werden, um dort festzustellen, daß es das heimische Studio auch tut – nicht immer, aber immer häufiger. > **Lean Communication.**

Logik – In der Wissenschaft die Lehre vom folgerichtigen Denken, in der Werbung der angewandte Nachahmungstrieb. Denn was die Konkurrenz macht, muß logischerweise auch für einen selbst richtig sein. > **Werbeinhalte,** > **Mediaplanung,** > **Sponsoring**

Lean Communication

wie Markt-Forschung

Markenartikel – > Kultmarke

Markenführung – Sammelbezeichnung für aktivistisch getarnte Ahnungslosigkeit. > **Kultmarke**

Markenkern – Der eigentliche Charakter einer Marke und insofern eine überraschende Wiederentdeckung in einer Zeit, die stolz auf ihre Fähigkeit ist, Früchte und Menschen kernlos zu züchten.

Marketing – Die Metaphysik der Märkte, deren unterschiedliche Schulen alle zum gleichen Ergebnis kommen: Es kann so sein, oder auch ganz anders. > **Briefing**

Marketingkommunikation – Moderne Sammelbezeichnung für alle Kommunikations-Maßnahmen, mit denen ein Unternehmen seine Produkte oder Dienstleistungen bekanntmachen möchte; viele Menschen bezeichnen das alles nach wie vor beharrlich als *Reklame*. > **Werbung**

Marketing-Management – Die Strategie, alle Aufgaben so an Beratungs- und Dienstleistungsunternehmen (Marketingberater, Werbeagenturen) auszulagern und an untergeordnete Mitarbeiter zu delegieren, daß im Falle des Mißerfolgs (> **Flop**) grundsätzlich dort die Schuld liegt.

Marktanteil – Wachsender M.: Souveräne Leistung der Top-Manager. Sinkender M.: Schuld der Werbeagentur.

Marktforscher – Legitime Verwandte der Meteorologen mit ungefähr der gleichen Trefferquote, > **Analyse,** > **Halo-Effekt**

Marktführer – Das meistverkaufte Produkt in einem Markt. Hält sich jedoch nur so lange an der Spitze, bis ein Konkurrent bessere Produkte oder wenigstens bessere Marketingideen entwickelt – ein äußerst seltener Fall.

Marktforscher

Mediabuying – Einkauf von Werbeträger-Leistungen in der Tradition orientalischer Basare.

Mediaplan – Kompromiß aus dem Willen des > **Mediaplaners** TV-Werbung zu schalten, den Vorlieben der Kreativen für bestimmte Medien, den Vorurteilen der Marketingmanager gegen bestimmte Medien und den Lese- und Sehgewohnheiten der Ehefrauen von Top-Managern. In literarischen Kreisen hält sich hartnäckig das Gerücht, Bert Brecht sei von einem Mediaplan zu seinen Zeilen inspiriert worden: *und mache nur einen Plan. Und mach nur einen zweiten Plan, geh'n tun sie beide nicht.*

Mediaplaner – Verarbeiter objektiver Daten und subjektiver Meinungen zu provisionsbringenden Mediaplänen. > **Mediaplan**

Medien – (auch: Werbeträger); Erzeugnisse, die nach Meinung vieler Werbeleute Schuld haben, wenn die Werbekampagne ein Mißerfolg wird. > **Flop**

Meeting – Außerhalb von Werbeagenturen Konferenzen genannt. Dienen vor allem als Grund, telefonisch nicht erreichbar zu sein. Ein besonderer Fall ist im Geschäft der Werbefilmherstellung das Postproduction-Meeting, das sich von dem ebenfalls vorkommenden Preproduction-Meeting dadurch unterscheidet, daß jeder zweite Satz mit *Ich hab's ja gleich gesagt* beginnt.

Mega – Vorsilbe aus dem griech.: groß, bedeutend. Wird in der Werbebranche unentwegt verwendet, so daß besorgte Kenner bereits von Megalomanie = Größenwahn sprechen.

Megamerge – Moderne Form, Geist durch Geld zu ersetzen: Gelingt es einer Werbeagentur nicht mehr, neue Kunden und deren

Mood- und Fun-Spots

Etats zu gewinnen, fusionieren sie einfach mit anderen Agenturen so lange, bis es keine freien Agenturen mehr gibt. In der Branche wird damit gerechnet, daß deshalb die Mega-Agenturen dazu übergehen werden, Kunden aufzukaufen, um sich so deren Etats zu sichern.

Me-too-Produkte – Bezeichnung für konkurrierende Produkte, die sich in ihren Eigenschaften und Leistungen durch nichts unterscheiden. Dem versuchen Werbeleute gerecht zu werden durch Me-too-Werbekampagnen.

Mood- und Fun-Spots – Was Agenturkreative für Stimmung und Spaß als Inhalte von Werbespots betrachten; sichere Gewähr, daß diese Spots ebenso austausch- und verwechselbar sind wie die Produkte, für die sie werben.

Multimedia – Werbung nach dem Motto: Print ist gut, Fernsehen ist gut, Hörfunk ist gut, individuelle Programmwahl ist gut – wie gut muß erst alles zusammen sein. > **Neue Medien**

wie Newcomer

Neue Medien – Sammelbezeichnung für digitale Medien, die über PC oder Fernsehgerät verbreitet werden (> **Multimedia**). Gelten als neue Wunderwaffe im Kampf um den Konsumenten – jedenfalls so lange, bis es sie wirklich in werblich nutzbarem Umfang gibt. > **Internet**

Newcomer-Agentur – Mindestens fünf Jahre lang die ehrenvolle Bezeichnung der Fachjournalisten für eine Werbeagentur, die im ersten Jahr ihres Bestehens eine Auszeichnung vom Art Directors Club (ADC) bekommen hat; weitere Auszeichnungen in den folgenden Jahren sind zum Erhalt der Bezeichnung nicht erforderlich. > **ADC**

News Values – Neuigkeitswert von Produkten und Dienstleistungen oder Werbekampagnen. Aus der Mode gekommener Werbebegriff. Wurde weitestgehend ersetzt durch die Bezeichnung *Innovation*, deren Verwendungshäufigkeit in einem umgekehrt proportionalen Verhältnis zu ihrem Vorkommen steht.

Nielsen-Gebiete – Marketing- und verkaufstechnisch ist Deutschland nicht in Bundesländer sondern in Nielsengebiete eingeteilt, ob wohl beide nahezu deckungsgleich sind. Nielsen IV klingt aber einfach besser als Bayern. > **DDR**

Nostalgie – Sehnsucht der Werbeagenturen nach den Zeiten, als ihnen die Kunden noch die 15 Prozent Provision für die Medienaufträge überlassen haben.

Neue Medien

wie Outfit

Originalität – Die Kunst, eine Werbekampagne zu gestalten, ohne daß man sofort das Vorbild erkennt.

OTC-Werbung – Angeblich Werbung für verschreibungsfreie Medikamente (engl.: Over the Counter), tatsächlich aber TV-Kurse zur Ausbildung von Laien zu Ärzten in eigener Sache, sowie zu Schnell-Hörern und -Lesern (*Zu Risiken und Nebenwirkungen lesen Sie . . .*).

Outfit – Moderne Umformulierung für das Sprichwort *Kleider machen Leute*: Über den Inhalt sagt das nichts.

Outing – Auch in der Werbebranche seltener Vorgang: > **Kreative** bekennen, wo sie ihre Ideen abgekupfert haben.

Outsourcing – Auslagern von Arbeiten aus einem Unternehmen zu freien Dienstleistern, die die Arbeit auch nicht billiger machen können als angestellte Mitarbeiter, dies aber müssen.

Overkill – Werbefachlicher Ausdruck für die Angst, zu viele Werbeanstöße im Rahmen einer Werbekampagne vorzunehmen. O. kann es nach Meinung der Medien überhaupt nicht geben, nach Meinung des kaufmännischen Managements ist jede Werbung, die Geld kostet, O. Und nach Meinung der Werbeexperten ist O. bestenfalls ein vernachlässigbares Restrisiko.

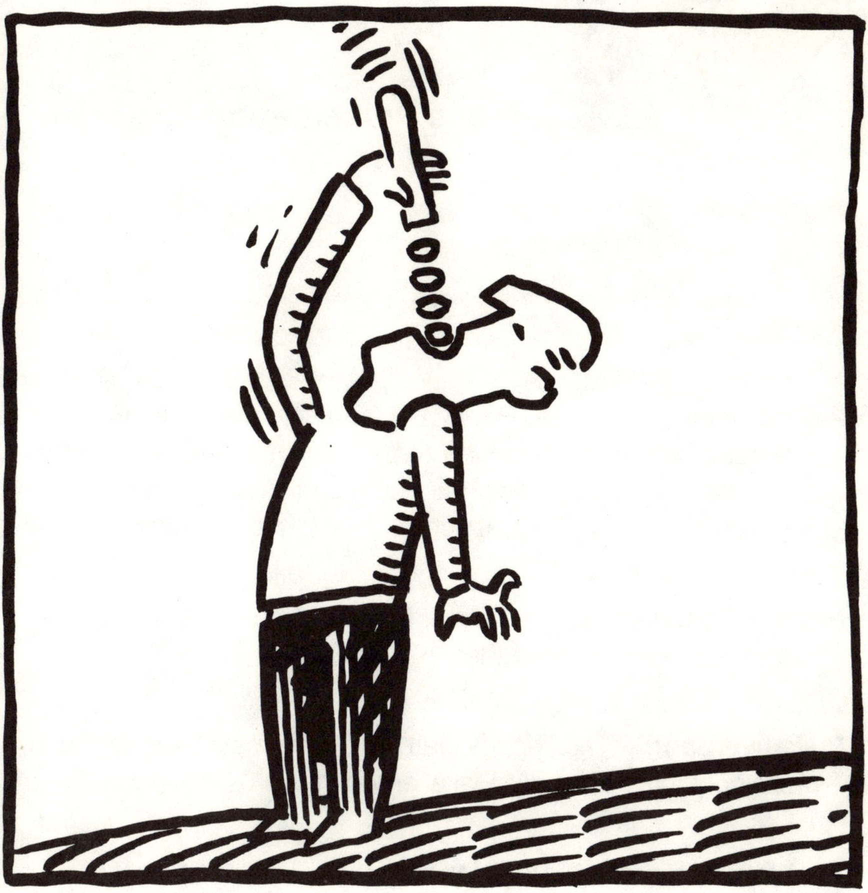

OTC-Werbung

P wie Präsentation

Pay per View – Form des Pay-TV, bei dem der Zuschauer nur die tatsächlich gesehene Sendung zu bezahlen hat. Kritiker fordern zunehmend, daß Zuschauer nur das bezahlen sollen, was sie tatsächlich gesehen und zusätzlich auch verstanden haben.

Pitch – Stufe zwischen vornehmer Präsentation und Hauen und Stechen um einen Werbe-Etat. > **Präsentation**

Plakatwerbung – Die Theorie, daß auf Großformat hochgeblasene Anzeigenmotive ein gutes Plakat ergeben.

Positionierung (auch: Positioning) – Der Versuch, für sein Produkt eine psychologische Nische in überfüllten Märkten zu finden; tritt nur in Verbindung mit Glaube und Hoffnung auf.

Präsentation – Es geht darum, gegen andere Werbeagenturen einen Werbe-Etat zu gewinnen und damit in der Agenturtabelle nach oben zu klettern. Letzte lupenreine Amateur-Sportart, denn für das Präsentieren gibt es im allgemeinen kein Geld, auch wenn dies immer wieder von den Agenturen behauptet wird.

Plakatwerbung

Präsenter – Mehr oder weniger prominente Persönlichkeit, die mit treuherzigem Augenaufschlag versichert, Produkt A oder B regelmäßig zu verwenden und daß daher der große Erfolg komme. Wird von Werbeleuten immer dann eingesetzt, wenn ihnen keine treffenden Argumente für ihre Ware einfallen. Das zahlt sich aus – für den Präsenter. > **Testimonial Advertising**

Pressekonferenz – Veranstaltungsform, die auch von Agenturen zunehmend im Rahmen ihrer Öffentlichkeitsarbeit genutzt wird. Die spezifische Besonderheit dabei ist, daß alle Informationen schon vor der P. bekannt und veröffentlicht sind.

Pre-Test – Die Theorie, die Wirksamkeit einer Werbemaßnahme könne schon vorher unter künstlichen Bedingungen marktforscherisch abgesichert werden. Sichere Methode, werbliche > **Innovationen** zu verhindern, was wiederum Agenturen von der Pflicht befreit, überhaupt welche finden zu müssen.

Privatfernsehen – Edler Wettstreit zwischen Redakteuren und Werbern, wer erfolgreicher den Zuschauer am > **Zapping hindert.**

Product Placement – Als *Schleichwerbung* früher bei den Printmedien verpönt und nur im Geheimen ausgeübt, ist P. erhobenen Hauptes beim Fernsehen und in Spielfilmen eingekehrt. Warum soll auch nicht – fiktive Beispiele – Harald Juhnke in der neuesten Show Veuve Cliquot trinken und Else Kling sich nicht mit *Servus* den Hintern abwischen – ganz wie die Menschen im richtigen Leben.

Public Relations (PR) – Herstellen von Vertrauen zwischen Unternehmen oder Institutionen und der Öffentlichkeit. Eine nach Meinung der PR-Leute so wichtige Sache, daß der Begriff nur im Plural vorkommt. Ansonsten weiß selbst der Autor dieses Lexikons nicht, worum es eigentlich genau geht.

Pre-Test

Q wie Qualität

Qualität – Letzter werblicher > **Claim** für ein Produkt vor der totalen Einfallslosigkeit.

Querdenker – Soll auch in der Werbebranche schon gesichtet worden sein. > **Loch Ness,** Nessie in jedem beliebigen anderen Lexikon.

Querdenker

wie Risikobereitschaft

Ranking – Jährliche Tabelle der Werbeagenturen bei den Bodybuilding-Meisterschaften. Doping in Form von abenteuerlichem Weg- und Zurechnen von Mitarbeitern oder Umsatz-Kennzahlen ist ausdrücklich bekannt.

Recycling – In der Werbung: Permanente Wiederverwertung eigener und fremder Ideen zum Schutz knapper Geistesressourcen.

Reengineering – Die Wiederentdeckung der Theorie, daß Unternehmen wie Unternehmen geführt werden müssen und nicht wie Erbhöfe von Duodez-Fürsten. Nur: Es fehlt an Unternehmern.

Relaunch – Flop-Reparatur.

Reminder-Werbung – Kurzfassung eines Spots, der kurz nach dem eigentlichen Spot geschaltet wird, um die Erinnerung der Fernsehzuschauer für die bedeutungsschweren Inhalte zu schulen.

Retro-Styling – Wiederverwendung von Motiven und Stile aus der Konsumgeschichte. Was der Mode recht ist – nämlich sich nichts

Neues einfallen zu lassen, muß Marketingleuten und Designern billig sein.

Rezession – Mißliebige konjunkturelle Situation, an der Politiker, Medien, die zu teuren Arbeitskräfte, die Öko-Auflagen, die harte Mark (kurz: die Rahmenbedingungen) Schuld sind. Hochkonjunktur geht dagegen ausschließlich auf die Tüchtigkeit der Top-Manager in den Unternehmen zurück. > **Konjunktur**

Risiko – Die Bereitschaft, Geld zu verlieren. Wird auch von den Agenturen voll mitgetragen, solange das Honorar nicht vom Erfolg oder Mißerfolg der von ihnen gestalteten Werbekampagne abhängig ist.

wie Surfen

Sales Promotion – > **Verkaufsförderung**

Seher – Dramatischer Wertewandel eines Begriffsinhalts. Früher: Einer, der in die Zukunft blickt. Heute: Einer, der in den Fernseher blickt.

Seifenoper – Fernsehserie, die um Werbespots herum produziert wird und dann abgesetzt wird, wenn die Einschaltquoten der Spots höher sind als die der Seifenoper.

Selbstähnlichkeit – Theorie-Begriff aus der > **Markenführung**. Viele Marketing- und Werbeleute verstehen darunter fälschlich Werbekampagnen, die ihrem eigenen Lifestyle so ähnlich sind, als seien sie selbst die Zielgruppe. > **Fraktal**

Senioren – Bezeichnung der Werbeleute für alle Menschen über 49 – ausgenommen Werbeleute.

Sonderwerbeformen – Weitgehend eine Angelegenheit der elektronischen Medien, bei der die Redaktionen die Werbung als Redaktion tarnen in der Hoffnung, daß trotzdem jeder Zuschauer merkt, daß es sich nur um Werbung handelt.

Sponsoring

Sponsoring – Die These, daß Kultur und Sport auch nur Werbeträger sind.

Spotlänge – Forschungen (u.a. Gallup) haben ergeben, daß die Wirksamkeit von Werbespots mit ihrer Kürze zunimmt. Ein 30-Sekunden-Spot ist demnach wirksamer als ein 60-Sekunden-Spot. Gar kein Spot hat demnach die wirksamste Länge.

Surfen – Laut Handbuch *World Wide Web für Insider* das Suchen und Sammeln von Informationen im Cyberspace. Kann zum *Carpal Tunnel-Syndrom* und anderen physischen Leiden führen. Schafft somit nicht nur neue Arbeitsplätze, sondern sichert auch die alten für Ärzte, Krankenhäuser und Pharmaproduzenten.
> **Internet**

Szene – Neo-Begriff für > **Zielgruppe**. Wurde aus Soundgründen erfunden, denn was als *Zielgruppenmarketing* pleonastisch holpert, klingt als *Szenenmarketing* nach kultureller Bedeutung.

Szene

SCH wie Schockwerbung

Schleichwerbung – Lautmalerische, aber veraltete Bezeichnung für eine Werbeform, die als > **Product Placement** wieder voll im Trend liegt.

Schocker-Werbung – Von dem italienischen Hemden- und Pulloverstricker Benetton erfundene kostenlose Werbung: Die Redakteure der Medien berichten darüber bienenfleißig und ersparen so der Firma die Schaltkosten für Anzeigen und TV-Spots; selbst die Prozesse um die Benetton-Werbung führen andere Unternehmen auf eigene Kosten und eigenes Risiko . . .

Schockwerbung

ST wie Storyboard

Stop Motion – Begriff aus der Fernsehfilm-Produktion: Schnelles Aneinanderreihen von Fotos, die eine Handlung ergeben. Handlung, nicht Sinn.

Story Board – Zeichnungen, um die Idee zu einem Werbespot zu illustrieren; häufig das Beste an einem Werbespot.

wie Telefonmarketing

Tagungsprogramm – Der gutgemeinte, aber vergebliche Versuch der Veranstalter von Kongressen, die Werbeleute daran zu hindern, sich ausschließlich mit sich selber zu beschäftigen und zwar außerhalb der Tagungsräume. > **Get-together-Party**

Talent – Anlage zu überdurchschnittlichen Fähigkeiten. Früher Grundvoraussetzung für Werbeberufe. Wird heute weitgehend durch ein Marketingstudium ersetzt.

Team – Arbeitsgruppe zur Entwicklung einer Werbekampagne. Falls die Kampagne eine der zahlreichen brancheninternen Auszeichnungen erhält, besteht das Team plötzlich nur noch aus einer Person. Das gleiche gilt auch, wenn die Kampagne ein Mißerfolg wird. > **Flop**

Teaser – Geheimnisvoller oder anregender Start einer Werbekampagne. Für erfahrene Verbraucher das Signal, daß in einem solchen Fall häufig der Höhepunkt schon vor dem Akt kommt.

Telefonmarketing – Speziell im Verkauf von (spekulativen) Geldanlageformen angewandtes Verfahren, bei dem Leute mit 5.000 Mark Monatseinkommen Leuten mit 6.000 Mark Monatseinkommen erklären, wie man problemlos Millionär wird.

Team

Teleshopping – Verkauf an sich unverkäuflicher Ware an Konsumenten durch ein Direktverkaufsunternehmen und eine redaktionell gestaltete TV-Werbesendung. Der Erfolg beruht auf der typisch deutschen Schnäppchen-Mentalität.

Testimonial Advertising – Werbung mit empfehlenden Statements von prominenten oder – laut Werbeaussage – sachkompetenten Persönlichkeiten (Ärzte oder andere Fachleute). Schadet dem Produkt nur selten. > **Präsenter**

Texter/in – Mangelware in der Agenturszene, zahlreich jedoch auf Seite der Werbetreibenden. Dort wird die Meinung vertreten, jeder der lesen und schreiben kann, ist berechtigt, Werbetexte zu beurteilen und zu ändern. > **Talent**

Timing – Zur richtigen Zeit die richtige > **Idee** zu haben oder das Richtige zu tun . Die meisten Ideen allerdings kommen zu früh, nämlich bevor man sie selbst gehabt hat. Und was in der Werbung das Richtige ist, gilt als ungeklärt. > **Werbewirkung**

Trend – Phantasiegebilde sogenannter Trendanalysten, tritt manchmal ein als Folge der *Selffullfilling Prophecy*. > **Trendanalyse**

Trendanalyse – In Zahlen umgeformtes Wunschdenken, das Basis aller Marketingaktivitäten ist. Wird durch Umdeutung und Weglassen nicht passender Zahlen und Fakten erzeugt.

wie Understatement

Understatement – Untertreibung. In der Werbebranche ungebräuchliches Fremdwort – ausgenommen, wenn Werber/Innen von ihren Erfolgen erzählen.

Unique Selling Proposition (USP) – Die werbliche Behauptung, weshalb Eigenschaften eines Produktes oder einer Dienstleistung einmalig sind; einmalig ist meist nur die Behauptung.
> Me-too-Produkte

wie Vision

Verantwortung – Ursprünglich eine unteilbare, typisch deutsche Auffassung. Heute geteilt: Im Erfolgsfall hat man selbst die Verantwortung, bei Mißerfolg hat sie ein anderer. > **Flop**

Verbraucher – Traditionelle Bezeichnung für jenes Wesen, das alles kaufen soll, was Industrie und Dienstleister anbieten. Ihm gelten alle Aktivitäten der Marketing- und Werbeleute. > **alle** Stichworte dieses Lexikons.

Verstand – Die Fähigkeit zu denken, Begriffe zu bilden, zu abstrahieren, Schlußfolgerungen zu ziehen und Urteile zu bilden. Wird vom Fernsehen als nicht existent beim > **Seher** betrachtet.

Vice President – Titel in US-amerikanischen Werbeagenturen für jeden Mitarbeiter, der nicht *President* heißt. Zusatzangaben wie Junior Vice President oder Senior Vice President haben weniger mit dem Alter als mit der Höhe des Gehaltes zu tun.

Virtualität – Von Computer erzeugte künstliche Welten, die vom realen Konsum abhalten. Von den Werbeleuten so noch nicht erkannt, weshalb sie kräftig an der Entwicklung virtueller Werbung mitwirken. > **Cyber-Advertising**

Vision – Visionen zu haben gilt als neueste Managementdisziplin. Gefährlich! Die letzte hieß *Lean Management* und kostete Millionen den Arbeitsplatz. > **Kaufkraft**

Visual – Sichtbarmachen einer Werbe-Idee. Auch das Sichtbarmachen keiner Werbe-Idee.

Verstand

W wie Werbekampagne

Wahlwerbung – In Deutschland die einzig legale Form der vergleichenden Werbung und der Verächtlichmachung des Wettbewerbers.

Werbeagentur – Eine Stätte zur Erzeugung von Werbekampagnen im Auftrag der werbetreibenden Wirtschaft. In den Augen der Werbetreibenden sind W. Lieferanten, im Selbstverständnis der W. aber Kunstschaffende. > **Werbung**

Werbeerfolg – Veralteter Begriff für die nachweisbaren Erfolge einer Werbekampagne. Wurde durch den Begriff > **Werbewirkung** abgelöst.

Werbe-Etat – Angeblich nach objektiven Gesichtspunkten geplanter Geldposten in der Finanzplanung eines Unternehmens zur Sicherung der Verkäufe und der Marktanteile, häufig jedoch gegen Ende eines Geschäftsjahres eine Maßnahme zur Bilanzverbesserung – durch willkürliches Kürzen.

Werbefernsehen – Sammelbezeichnung für die Anstrengungen, Ludwig Börnes Erkenntnis zu bestätigen: Du mußt klein sein, willst du kleinen Menschen gefallen.

Werbeinsel – Von Fernsehserien und Spielfilmen unterbrochenes Unterhaltungsangebot mit belehrendem Charakter.

Werbekampagne – Endergebnis der Auseinandersetzungen zwischen den Marketingtechnokraten bei den Auftraggebern und den Genies in den > **Werbeagenturen.**

Werbesonderformen – Die These, daß Werbung etwas Feineres ist, wenn man sie nicht als Werbung erkennt. > **Sponsoring**

Werbetext – Aussterbende Kunstform, weil einer aktuellen Theorie zufolge die Menschen entweder nicht mehr lesen können oder wollen. > **Texter**

Werbung – als *werbunge* – sich bemühen! – schon im Mittelhochdeutschen bekannt. Inzwischen jedoch keine Bemühung mehr, sondern – nach Aussage des Agenturwerbers Michael Schirner – die Kunst des ausgehenden 20. Jahrhunderts. Zyniker sind in diesem Zusammenhang dankbar, daß das 20. Jahrhundert bald zu Ende geht.

Werbeinsel

wie Yuppie

Yuppies – Aus dem amerikanischen Young Urban Professional Peoples. Eine > **Zielgruppe,** die beweist, daß Werbeleuten bereits gelungen ist, woran Naturwissenschaftler noch arbeiten: Das Klonen von Menschen. Kommen allerdings nur in Werbeplänen vor.

Z wie Zeitgeist

Zapping – Das Bemühen der Fernsehzuschauer, sich mittels Fernbedienung zu besseren Angeboten in anderen Kanälen zu retten. Wurde schon vor Jahrzehnten als Endlos-Serie verfilmt unter dem Titel *Dr. Kimble – Auf der Flucht*.

Zuwachsrate

Zeitgeist – Der Wind, nach dem die Werbung ihr Mäntelchen kehrt.

Zielgruppe – Zu Beginn der Marketing-Aera Personen, die nie im richtigen Leben vorkommen, wohl aber in den > **Briefings** der Marketingexperten. Im modernen Marketing wurden die Zielgruppen teilweise durch den Begriff *Szenen* ersetzt, die gleichfalls nie im richtigen Leben, aber in den Briefings vorkommen.

Zuwachsrate – Oberste Wirtschafts-Gottheit, an die selbst die Atheisten glauben.

Zwei tote Werbeleute

Findeisens Magen sandte die brennende Salzsäure bis hinauf in die Speiseröhre, wie immer, wenn es der Kommissar vom Frankfurter Morddezernat mit Werbefachleuten zu tun bekam. Dieses künstlerische Völkchen, das ruhelos eine immer neue und doch stets gleiche Traumwelt aus Glanz und Schönheit für Anzeigen und Werbefilme ersinnt, hatte Findeisen jedesmal mit Wunderlichkeiten überrascht, die ihn an die Exotik der Abenteuerfilme aus Hollywoods großen Zeiten erinnerten und deren Nachglanz noch heute im Fernsehen als Umfeld für Werbespots herüberdämmert, gleich einem melancholischen Fanal des Abstiegs aus der Beletage der Kinokunst in die kulturellen Kellerräume des Kommerz.

Nicht, daß Findeisen allzu oft die Wege der Werbeleute kreuzen mußte, dennoch war der erst Vierzigjährige im Umgang mit ihnen dürr, faltig und vor der Zeit alt geworden wie ein altägyptischer Fellache, ausgetrocknet im niemals schlafenden Wüstenwind.

»Hätte es nicht auch ein solider Mord im Zuhälter-Milieu sein können?« dachte Findeisen und betrat das 100-Quadratmeter-Büro von Karolus Menge im 14. Stock, das dezent nach Rasierwasser der Duftnote höchstpreisig roch und einen ebenso teuren Blick über Frankfurt bis dorthin gestattete, wo der Smog die Funktion des Horizonts übernimmt, hinter dem es keine Welt mehr zu geben scheint, jedenfalls keine Werbewelt. Die 100 Quadratmeter wiesen Menge als den oberste Boß der Werbeagentur K.R.A.&M. aus, denn auch in den Kreisen der Werbekünstler verleihen viele Büro-Quadratmeter Ansehen.

»Wir haben gleich zwei tote Werbeleute hier?« fragte Findeisen. Karolus Menge knöpfte sein Sakko im aktuellen olivfarbenen Oxford-Karo-Design zu und baute seine Gesichtszüge eines Fünfzigjährigen auf jugendlich-dynamisch und unbeschränkt belastbar um. »Genau«, sagte er. »Da ist zunächst einmal unser Text-Direktor Harry Böllchen, ganz offenbar ermordet durch einen Schlag auf den Hinterkopf mit der ›Goldenen Sphinx‹. Er liegt unten in seinem Büro, über der Schreibtischplatte zusammengesunken.«

Findeisens Magen schleuste einen weiteren Salzsäurestrom in die Speiseröhre. »Aha, mit der ›Goldenen Sphinx‹ – was immer das ist. Und dieser da ist wohl der andere?« Die ausladende Kopfbewegung Findeisens überwand spielend die Distanz zum Konferenztisch am anderen Ende der 100 Quadratmeter, wo auf einem Ledersessel ein Mann im Sitzen eingenickt zu sein schien.

»Das ist ... war Michael Grau, der Neukunden-Direktor unserer Agentur.« Menge färbte seine Stimme auf Moll ein. »Es sieht aus, als würde er nur schlafen, aber er ist zweifellos tot. Unser Betriebsarzt Dr. Stenger hat das festgestellt. So ad hoc vermochte er aber nicht die Todesursache zu nennen. Passiert ist das während meines total wichtigen Meetings mit Grau. Ich habe das Meeting natürlich sofort abgebrochen, als ich merkte, daß mit Grau etwas nicht stimmt und erst den Arzt und dann die Polizei gerufen.«

Findeisen wies seinen Assistenten Lichtmann an, sich samt den Leuten von der Mordkommission um den bei dem Meeting so plötzlich Verblichenen zu kümmern, er selbst wolle die andere Leiche in Augenschein nehmen.

»Nun, Herr Menge, bringen Sie mich doch bitte – äh – ad hoc zu der – äh – total anderen Leiche – wie war der treffliche Name?« sagte Findeisen, und niemand vermochte ihm die geringste Ironie anzuhören.

»Böllchen. Harry Böllchen.« Auf dem Weg in die tiefer gelegenen Stockwerke erklärte Menge: »Übrigens, die ›Goldene Sphinx‹ ist der Hauptpreis im jährlichen Wettbewerb der Werbetexter, eine gut 30 cm hohe Statuette mit Marmorsockel. Böllchen hat sie vor drei Jahren gewonnen. Ein toller Karrierestart für den damals Zwanzigjährigen.«

»Gut, daß Sie kommen, Herr Kommissar«, sagte einer der Kriminalbeamten, die bereits in Böllchens 25-Quadratmeter-Büro die Rituale einer Morduntersuchung zelebrierten. »Ganz eindeutig Mord! Der Mann hatte aber, ehe er starb, noch die Zeit, zwei Wörter auf ein Blatt Papier zu kritzeln. Sehen sie!«

Findeisen nahm das Blatt. »Ein toller Fall. Das erste Wort ist zwar völlig unleserlich, das zweite aber heißt zweifelsfrei ›Direktor‹. Offensichtlich wollte Böllchen noch einen Hinweis auf seinen Mörder geben. Haben Sie noch einen Direktor? Das muß der Mörder sein.«

Mit bekümmerter Miene zerstörte Menge Findeisens Illusion: »Sie meinen, außer Michael Grau? Wir haben schätzungsweise weitere vierzig Direktoren. Direktor ist in einer Werbeagentur eigentlich jeder, dessen Jahreseinkommen über zweihunderttausend Mark liegt. Kreativ-Direktoren, Art-Direktoren, Kontakt-Direktoren, Media-Direktoren . . . und da vergesse ich im Moment sicher noch einige. Übrigens vier von ihnen heißen Müller, drei Voigt und immerhin noch zwei Grau. Darum wollte Böllchen wohl nicht nur einfach den Namen hinschreiben . . . « Menges Stimme erstarb, weil Findeisen wütend loskollerte wie ein Truthahn, dem sich die Henne verweigert hat: »Verdammt noch mal, Ihr Werbeleute, dann laßt euch wenigstens nicht umbringen.«

Mitten in diesen Anfall einer frustrierten Kriminalerseele stürmte Assistent Lichtmann in den Raum. »Gute Nachricht, Chef«, strahlte er. »Der Mörder war der verstorbene Michael Grau selbst. Wir haben in seiner Brieftasche ein von ihm selbst geradezu brillant formuliertes Protokoll der Tat gefunden. Das Motiv ist ebenso alt wie simpel – eine der üblichen Frauengeschichten.«

»Aha. Und aus Reue ist er schnell gestorben«, sagte Findeisen skeptisch. Lichtmann schüttelte den Kopf und sah Menge an, wie man jemanden ansieht, der etwas ganz und gar Unvorstellbares getan hat, beispielsweise einen Werbetexter für den Literatur-Nobelpreis vorzuschlagen.

Dieser Grau war, wie alle Werbeleute, überaus mitteilungsfreudig – kommunikativ nennt man das wohl in der Werbebranche«, berichtete Lichtmann trocken. »Er hat während der Konferenz . . . ich meine natürlich während des Meetings, auf seinen Notizblock geschrieben . . . Moment, ich habe das hier wörtlich: ›Himmel, jetzt dauert das Geschwafel schon fast drei Stunden. Und ich werde immer müder von Menges ununterbrochenem Gelaber. Ich fürchte, ich schlafe gleich ein. Sollte ich nicht wieder aufwachen, hat mich Menge einfach zu Tode gelangweilt.«

Während Menges UV-Strahler-Bräune schlagartig verblaßte, lächelte Findeisen und ausnahmsweise ließ sein Magen die Salzsäure da, wo sie hingehörte: »Ich sagte doch, ein ganz einfacher Fall. Und das bei Werbeleuten!«